BEI GRIN MACHT SICH IHR
WISSEN BEZAHLT

- Wir veröffentlichen Ihre Hausarbeit,
  Bachelor- und Masterarbeit

- Ihr eigenes eBook und Buch -
  weltweit in allen wichtigen Shops

- Verdienen Sie an jedem Verkauf

Jetzt bei www.GRIN.com hochladen und kostenlos publizieren

Recht und Beratung in der Straffälligenhilfe

Sabrina Müller

Bibliografische Information der Deutschen Nationalbibliothek:

Die Deutsche Nationalbibliothek verzeichnet diese Publikation in der Deutschen Nationalbibliografie; detaillierte bibliografische Daten sind im Internet über http://dnb.d-nb.de abrufbar.

ISBN: 9783346580641
Dieses Buch ist auch als E-Book erhältlich.

© GRIN Publishing GmbH
Nymphenburger Straße 86
80636 München

Druck und Bindung: Books on Demand GmbH, Norderstedt Germany
Gedruckt auf säurefreiem Papier aus verantwortungsvollen Quellen

Das vorliegende Werk wurde sorgfältig erarbeitet. Dennoch übernehmen Autoren und Verlag für die Richtigkeit von Angaben, Hinweisen, Links und Ratschlägen sowie eventuelle Druckfehler keine Haftung.

Das Buch bei GRIN: https://www.grin.com/document/1148254

Portfolio
Modul M10A

Recht und Beratung in der Straffälligenhilfe

Prüfung

Prüfungsformat: Portfolio

Prüfungsanmeldung: 27.10.2017

Abgabe der Prüfungsleistung: 16.02.2018

Studentin

Sabrina Müller

Semester: Wintersemester 17/18

Inhaltsverzeichnis

1. Moduleinleitung

Das Modul 10A „Recht und Beratung in der Straffälligenhilfe" bestand aus vier Lehrveranstaltungen. Es war untergliedert in:

1. Strafrecht in der Sozialen Arbeit I

Diese Lehrveranstaltung war untergliedert in das allgemeine *Strafrecht* bei Prof. Dr. F. LL.M und in das *Strafvollzugsrecht* bei Ass. Jur. S. H. B.A.

2. Strafrecht in der Sozialen Arbeit I

Wie oben erwähnt ist diese Lehrveranstaltung in zwei Teile unterteilt.

3. Strafrecht in der Sozialen Arbeit II

Bei Prof. Dr. S. wurde sich explizit mit dem Jugendstrafrecht beschäftigt.

4. Beratung in Zwangskontexten

Diese Lehrveranstaltung wurde von Frau St. gelehrt und beschäftigte sich mit Beratungssitua-tionen innerhalb von Abhängigkeitssituationen und Zwangskontexten (zb. JVA Wärter und Gefangener).

Im folgenden Dokument erarbeite ich Portfolioeinträge zu den einzelnen Lehrveranstaltungen und damit verbundenen Prüfungsaufgaben. Jede Lehrveranstaltung hat seine eigene in sich geschlossene Prü-fungsaufgabe bzw. Prüfungsleistung.

2.1 Erziehung durch Strafe – Erziehung statt Strafe: Konzeption und kritische Würdigung

2.1.1 Einleitung

Was ist Erziehung und was ist Strafe? Gibt es das Eine ohne das Andere? Die Lehrveranstaltung „Strafrecht in der Sozialen Arbeit II" setzte sich explizit mit dem Jugendstrafrecht auseinander. Demzufolge geht es in der nachfolgenden Arbeit um den Erziehungsgedanken im Jugendstrafrecht und wie dieser umgesetzt wird. Kann man die beiden Bereiche getrennt voneinander betrachten, wenn man sich mit dem Jugendstrafrecht beschäftigt? Kann Erziehung Strafe ersetzen oder wird man durch Strafe erzogen? Ich habe mich für dieses Thema entschieden, weil ich mich durch meine Tätigkeit als Erzieherin oftmals mit dem Thema auseinandersetzen musste, ob Strafe in der Erziehung überhaupt notwendig ist.

2.1.2 Was ist Erziehung und wozu dient sie?

Es gibt keine einheitliche Definition von Erziehung, die manifestiert im deutschen Sprachgebrauch verwendet wird. Ich habe mich für die Hurrelmann entschieden, da für mich der Erziehungsgedanke am meisten wiederspiegelt wird. Hurrelmann hat eine Definition zu Erziehung erarbeitet. *„Erziehung ist die soziale Interaktion zwischen Menschen, bei der Erwachsene planvoll und zielgerichtet versucht, bei einem Kind [...] Verhalten zu entfalten oder zu stärken. Erziehung ist ein Bestandteil des umfassenden Sozialisationsprozesses [...]"* (Pädagogik: 8/94, S. 13).

Im Kindes – bzw. Jugendalter sind die Kinder noch am besten formbar, was ihre Persönlichkeit und ihr Verhalten angeht. Erziehung dient somit dazu, das Kind oder den Jugendlichen auf die Zukunft und die gesellschaftlichen Normen vorzubereiten, ihn sozial zu integrieren und seine Entwicklung und Persönlichkeit buchstäblich zu formen und zu beeinflussen.

2.1.3 Was ist Strafe und wozu dient sie?

„Strafe ist eine durch Strafgesetz für eine tatbestandsmäßige, rechtswidrige und schuldhafte Handlung angedrohte Rechtsfolge [...] (Creifelds: 2017, S. 1255) Also eine Buße, die geleistet werden muss, nach einem begangenen Vergehen." (vgl. Bünting: 1996, S. 1114) Diese Definition sagt aus, dass zu Beginn ein Gebot oder Verbot steht, gegen welches verstoßen wurde, wodurch es dann zu einer Sanktion als Reaktion auf den Verstoß kommt (Riekenbrauk: 2000, S. 24). Die Strafe dient dabei mehreren Zwecken. Zum einen dem Bereich der Vergeltung, der sich darauf bezieht, dass einzig die Gerechtigkeit wieder hergestellt werden kann durch einen Schuldausgleich im Sinne einer Strafe. Als weiterer Zweck dient die Theorie der Generalprävention, die sich zum einen mit der Abschreckung der potentiellen Täter, aber auch mit der Stärkung der Rechtstreue beschäftigt. Zuletzt gibt es noch die Theorie der Spezialprävention. Hierbei geht es um den einzelnen Täter und seine Resozialisierung und Wiedereingliederung. Bei Jugendlichen findet dies in einigen Fällen durch Erziehung statt (Riekenbrauk: 2000, S.40/41).

2.1.4 Der Erziehungsgedanke im JGG – Ein eigenes Strafrecht für Jugendliche

In der Entwicklung der Jugendlichen wird ein gewisser Reifeprozess bzw. eine Identitätsbildung durchlaufen, um sich den gesellschaftlichen Anforderungen erfolgreich zu stellen. Es ist die Übergangsphase der Kindheit zum Erwachsensein (vgl. Moser, S.25). Sie sind in ihrer Pubertät und darüber hinaus oftmals sehr sprunghaft im Entscheidungen treffen, weil ihnen noch gewisse Handlungsmuster und Wissen fehlen. Dies kann dem zugrunde liegen, dass sie immer wieder vor neue Herausforderungen und ihnen unbekannte Situationen gestellt werden. Dieser Bewältigungsprozess von neuen Herausforderungen kann zu einer hohen psychischen Belastung für den Jugendlichen führen und damit verbunden zu leichtsinnigem und von mangelnder Reife geprägtem Handeln.

Die Beeinflussung durch Peergroups ist im Jugendalter zudem auch von großer Bedeutung. Der Jugendliche fühlt sich mit der Peergroup verbunden und auf Augenhöhe, sodass die Beeinflussung eine tragende Rolle im Entwicklungsprozess und Entscheidungsprozess spielt (vgl. Ecarius und Eulenbach: 2012, S. 174). Zum Beispiel kann der Jugendliche, um sich zugehörig zur Gruppe zu fühlen, sogenannte „Mutproben" erfüllen und dadurch ggf. weitere Konsequenzen nicht abschätzen. Dieses leichtsinnige, von mangelnder Reife geprägte Handeln, führt in gewissen Situationen dazu, dass der Jugendliche sich den Konsequenzen nicht bewusst ist und leicht in die Straffälligkeit kommt.

Das Jugendgerichtsgesetz (JGG), welches erstmalig 1923 unter dem Namen Reichsjugendgerichtsgesetz in Deutschland eingeführt wurde (vgl. Thole, S. 101), beschäftigt sich mit Jugendlichen zwischen 14 und 18 Jahren (vgl. §1 Abs. 2 JGG) und unter bestimmten Voraussetzungen mit Heranwachsenden im Alter von 18 bis 21 Jahren (vgl. § 1 Abs. 2 JGG), die delinquent wurden.

Dieses gesonderte Strafrecht für diese Personengruppe steht als Jugendstrafrecht dem Erwachsenenstrafrecht im Strafgesetzbuch (StGB) gegenüber (vgl. Streng: 2008, S. 38) und bietet einen größeren Spielraum bei der Entscheidungsfindung einer geeigneten Maßnahme, als die starr vorgegebenen Maßnahmen des Erwachsenenstrafrechts. Die oben erwähnten Besonderheiten des Jugendalters werden durch das JGG gewürdigt.

Das Konzept des JGG ist, dass die Folgen für den Straffällig gewordene Jugendlichen angepasster und flexibler auf den jeweiligen Jugendlichen zugeschnitten und anhand der Schwere der Schuld, sowie des Erziehungsdefizits des Täters bemessen werden. Das ist einer der Hauptgründe dafür, dass das JGG im Gegensatz zu dem StGB Täter und nicht Tatbezogen ist (vgl. Grieswelle: 1972, S. 32 ff.). Zudem hat das JGG keinen festgeschriebenen Strafrahmen (vgl. § 18 Abs. 1 S.3 JGG), wodurch es möglich ist flexibler in der Sanktion, im Verfahren und in der Vollstreckung zu agieren und erzieherisch auf den Jugendlichen einzuwirken (vgl. Ostendorf: 2017, S. 65). Das Jugendgericht hat somit einen viel größeren Ermessenspielraum, welche Maßnahme er am passendsten für den jeweiligen Jugendliche hält. Er hat die Wahl zwischen Erziehungsmaßregeln (vgl. §§9 ff JGG), Zuchtmitteln (vgl. §§13 ff. JGG) und der Jugendstrafe (vgl. §§17 ff. JGG). Meist entscheidet man sich für die milderen Mittel, als direkt eine Jugendstrafe zu verhängen (vgl. Riekenbrauk: 2014, S. 156 ff.).

Die Erziehung in diesem Rechtsgebiet ist stets bemüht dem Jugendlichen ein straffreies Leben und Handlungsmuster aufzuzeigen, damit die erzieherischen Mängel des Jugendlichen durch sozialpädagogische

Maßnahmen behoben werden können. Durch die Maßnahmen werden Jugendliche erzogen und resozialisiert, um sie von weiteren bzw. erneuten Straftaten abzuhalten (vgl. §2 JGG). Das JGG bietet mit §2 JGG einen wichtigen Paragraphen, der aufzeigt, dass Verfahren und Strafe sich an dem Erziehungsgedanken orientieren sollten. Aber auch nach §2 HessJStVollzG und §3 Abs. 1 HessJStVollzG wird ein Erziehungsziel und die erzieherische Ausgestaltung des Jugendstrafvollzugs aufgegriffen und stellt in den Vordergrund dem Jugendlichen zu helfen sein späteres Leben straffrei zu gestalten. Man gibt ihnen einen „Schuss vor den Bug" (Nix, Möller, Schütz: 2011, S.50) z.b. durch eine „Schnupperhaft" im Sinne des §16a JGG und möchte sie nicht direkt „wegsperren", dies wäre ihrer Entwicklungsphase nicht angepasst.

Das JGG bietet die Möglichkeit jeden Einzelfall zu betrachten und viel individuellere Rechtsfolgen zu kreieren, da man sich z.B. durch die Jugendgerichtshilfe Unterstützung holt (Vgl. §38 JGG), welche den Jugendlichen mit seiner Persönlichkeit, seiner Herkunft, insbesondere die sozioökonomische Herkunft betrachtet und in das Verfahren mit einbindet (vgl. Nix/Möller/Schütz: 2011, S. 156). Die Jugendgerichtshilfe kann zur Beeinflussung der Entscheidung für die richtige Maßnahme beitragen. Somit hat das Konzept des JGG zum Ziel den Erziehungsgedanken vordergründig zu behandelt und die Strafen zu mildern und den Jugendlichen zu erziehen. Das Erziehungsstrafrecht muss nicht in allen Fällen strafmildernd sein, denn es kann auch eine Straferhöhung durch Erziehung geben (vgl. Ostendorf: 2017, S. 59). Dem Grunde nach kann man das Jugendstrafrecht mit ein paar Ausnahmen auch Erziehungsstrafrecht nennen. Nicht umsonst wird das Wort Erziehung 114-mal im JGG und Erziehungsziel 28-mal in Jugendstraf-vollzG aufgegriffen (Vgl. Folien Prof. Dr. S.).

2.1.5 Kritische Würdigung des Erziehungsgedankens – Ist ein gesondertes Jugendstrafrecht nötig?

Für ein solches Jugendstrafrecht spricht zuerst einmal der Wandel unserer Gesellschaft. Die heutigen Jugendlichen sind nicht mit den Jugendlichen der 50er, 60er Jahre zu vergleichen. Früher musste der Jugendliche schon viel früher Erwachsen werden und Verantwortung übernehmen, waren ggf. mit 18 Jahren schon verheiratet oder hatten Kinder. Heutzutage machen viele Jugendliche höhere Abschlüsse, gehen länger zur Schule und leben länger zu Hause. Sie müssen oftmals noch nicht eigenständig sein oder Verantwortung übernehmen, es gibt Gesetze die sie schützen und die ihr Leben vereinfachen. Dadurch fehlt es den Jugendlichen heutzutage oftmals an einer nötigen Reife und sie können nicht alle Konsequenzen abschätzen. Deswegen ist das Jugendstrafrecht eine positive Würdigung des Gesellschaftswandels.

Das es das JGG gibt ist positiv, weil das Erwachsenenstrafrecht oft sehr starr und hart aufgestellt ist. Es gibt wenig Spielraum, um den Täter individuell auf die Situation zu bestrafen. Vielleicht hat einer aufgrund von Not zu Hause gehandelt. Solche Dinge können im Erwachsenenstrafrecht nicht immer berücksichtigt werden. Im JGG ist die Situation des Täters beim Begehen der Tat viel mehr im Fokus. Das Jugendgericht hat einen viel größeren Spielraum für seine Entscheidungen, ebenso wie die Maßnahmen die getroffen werden sollen. So ist es möglich, den Jugendlichen individueller als einen Erwachsenen zu bestrafen.

Positiv ist auch, dass das JGG täterorientiert und nicht tatorientiert ist. Der Jugendliche und sein Leben stehen im Fokus und nicht nur, was er getan hat, sondern auch wieso. Gab es Beeinflussung durch z.B. Peergroups?

Positiv am Jugendgerichtsgesetz ist außerdem, dass Statistiken zeigen, dass seit 1998 die Jugendkriminalität zurückgeht (vgl. Heinz, BpB – Schaubild 4).

Das JGG ist mit dem Erziehungsgedanken zu dem auf Akzeptanz und Verständnis ausgerichtet und nicht nur auf Vergeltung. Dies ist ein weiterer positiver Aspekt des JGG.

Jedoch hat das Jugendstrafrecht auch Nachteile. Durch den zusätzlichen Maßnahmenkatalog müssen die Gerichte nun neben dem Strafenkatalog auch den Erziehungskatalog kennen und haben damit noch mehr Arbeit. Das System und die Gerichte sind überlastet. Das liegt unter anderem darum, dass man zu Beginn mahnt, dann verwarnt, dann Auflagen erteilt, usw. Ein Täter muss somit öfter vor Gericht und das Gericht muss noch mehr Entscheidungen treffen. Das ist mit einem großen Verwaltungsaufwand verbunden.

Ein weiterer Negativaspekt des JGG ist der Warnschussarrest nach § 16a JGG. Er ist dem Grunde nach ein letztes Mittel, um in Ausnahmefällen zu versuchen beim Jugendlichen etwas zu verändern. Jedoch zeigt eine Studie, dass es keinen Unterschied macht. Die Rückfallquote beträgt bei Jugendstrafe ohne Bewährung 77,8 %, bei Jugendarrest 70 % und bei Jugendstrafe mit Bewährung 59,6 %. Hierbei ist ein Unterschied zu erkennen. Er dient nicht als eine „schnelle Krisenintervention", da meist zwischen Tat und Arrestantritt viele Wochen liegen können und somit zu viel Zeit vergangen ist. Der erzieherische Bezug fehlt hierbei dann fast komplett. Denn der Täter, weiß gar nicht mehr so richtig, wofür er eigentlichen bestraft wird (vgl. Stern: 2018).

Ein weiterer Negativaspekt ist, dass der Jugendliche ggf. die Sanktionen nicht ernst nimmt. Er durchlebt die gewünschte Veränderung nicht vollständig. Er zeigt der Gesellschaft, was sie von ihm erwarten, würde aber jeder Zeit die Tat wieder begehen.

Ein letzter Negativaspekt ist, dass nicht immer Erziehung notwendig ist, wenn es um Sanktionen bzw. Maßnahmenverhängung geht. Die Straftat kann in Fällen auch auf Entwicklungssituationen zurückzuführen sein und nicht auf Erziehungsmängel. In diesen Situationen wäre Erziehung nicht angebracht.

2.1.6 Fazit

Abschließend ist zu sagen, dass die Neuerungen des JGG mit dem Erziehungsgedanken als Hauptziel eine sehr positive Wendung auf die Jugendkriminalität hatte, da die Straftaten sich am Täter orientieren und nicht an den eigentlichen Taten. Rückfallquoten mindern sich und die Straffälligkeit geht im Allgemeinen zurück. Durch Erziehung kann zwar nicht komplett auf Strafe verzichtet werden, da der Jugendliche lernen muss, dass das Gesetz zu wahren gilt. Die beiden Bereiche können aber nicht unabhängig voneinander betrachtet werden, wenn es darum geht dem Jugendlichen zu helfen und ihm ein straffreies Leben zu ermöglichen.

Modul 10A Lehrveranstaltung „Strafrecht in der Sozialen Arbeit I – Strafvollzugsrecht" bei Ass. Jur. S. H. B.A

2.2 Portfolio Aufgabe Strafvollzug bei Frau S. H.

2.2.1 Aufgabe 1

Im Folgenden möchte ich zu der Entscheidung des Vollzugsbeamten stellungnehmen.

Die Entscheidung des Vollzugsbeamten, der den Eintritt der Tochter T verweigert, ist nach § 23 HVV richtig. In § 23 Abs. 2 HVV gibt es eine Einschränkung. Das in diesem Absatz erwähnte „in der Regel" kann eine Ausnahme bilden. Das „in der Regel" könnte grundsätzlich dazu führen, dass jede einzelne hessische Justizvollzugsanstalt (JVA) eine eigene Hausordnung erlassen kann, die bestimmt, wann ein Kind oder Jugendlicher ohne Begleitung in der JVA einen Besuch tätigen darf oder an welche Vorausset-zungen dies ggf. geknüpft ist. Neben der möglichen Hausordnung hat die Anspruchnehmerin, also die Tochter T, aufgrund der Formulierung „in der Regel" im Gesetz das Recht auf eine ermessensfehlerfreie Entscheidung seitens des Vollzugsbeamten und der Anstalt bzw. Anstaltsleitung. Das einfache Abweisen der Tochter, das der unbegleitete Besuch nicht rechtens ist, reicht dabei nicht aus, weil es nicht zu einer Ermessensüberschreitung kommen darf.

§23 HVV ist mit einer Ausnahmeregelung verknüpft. In § 23. Abs.2 S. 2 HVV ist beschrieben, dass die Personensorgeberechtigten mit dem Besuch der Minderjährigen einverstanden sein müssen. Wenn dies der Fall ist, so ist dem unbegleiteten Besuch nichts entgegen zu setzen.

Der Punkt der Aufsichtspflicht nach § 832 Abs. 1 BGB i.V.m. § 1631 Abs. 1 BGB zu beachten. Wenn die Tochter den Besuch des Vaters alleine macht und in der JVA passiert etwas, wofür grundsätzlich die Personensorgeberechtigten aufgrund der Minderjährigkeit der Tochter haftbar gemacht werden können, ist die Frage zu stellen, ob es sich um eine Aufsichtspflichtverletzung handelt und wenn ja, wie damit umgegangen wird, wenn das Elternteil nicht den Besuch begleitet hat. Wobei der Vater auch durch den Besitz der elterlichen Sorge für Tochter T die Aufsichtspflicht nach § 1631 Abs. 1 BGB hat.

Man könnte die Vermutung aufstellen, dass die elterliche Sorge des Vaters Benno während des Strafvoll-zuges im Sinne des § 1674 Abs. 1 BGB ruht. Da es sich bei dem Strafvollzug um ein tatsächliches Hin-dernis handeln könnte, wodurch der Vater die Personensorge tatsächlich nicht ausüben kann. Jedoch gibt es Gerichtsurteile die besagen, dass eine bloße physische Abwesenheit des Vaters, in dem Fall durch die Haft, nicht ausreicht um von einem tatsächlichen Hindernis zu sprechen (vgl. MüKo/Finger, a.a.O., §1674 Rn 4; […]).

Zudem besagt ein weiteres Gerichtsurteil, dass alleine die Verhinderung der Ausübung der elterlichen Sorge durch einen Strafvollzug nicht für das Ruhen der elterlichen Sorge ausreicht (vgl. OLG Naumburg FamRZ 03, 1947[…]) sofern es Absprachen bezüglich der Aufenthaltsbestimmung des Kindes beim An-deren, nicht inhaftierten Elternteil, gibt. Zudem bietet der Strafvollzug durch Besuche, Telefonate, Briefe, u.v.m. Möglichkeiten zur Kontaktpflege zwischen Eltern und Kind (vgl. Mü/Ko/Finger, a.a.O., §1674 Rn.

4). Somit hat der Vater weiterhin die elterliche Sorge nach § 1626 Abs. 1 BGB und könnte in diesem Sinne die Aufsichtspflicht während des Besuchs wahrnehmen.

Aufgrund der Aufsichtspflichtproblematik, sowie der Problematik der Haftbarkeit ist in vielen hessischen JVA's die Regelung des §23 HVV ein Grundsatz, wodurch Minderjährige nicht unbegleitet die JVA betreten dürfen. Die Frankfurter JVA erlaubt Jugendlichen ab 16 Jahren den unbegleiteten Zutritt (vgl. Hausordnung JVA Frankfurt). Jedoch ist im Falle von Tochter T die Frage zu stellen, ob nicht durch ihre Regelmäßigkeit ihrer Besuche mit der Mutter zusammen eine Sonderregelung getroffen werden kann. Denn wenn die Tochter den Vater regelmäßig besucht und die Situation vor Ort, sowie die Gegebenheiten kennt, genug Reife besitzt, diesen Besuch alleine durchzuführen.

Zudem ist es schwierig einen Außenstehenden als Grund für das Verbot eines JVA Gesetzes zu nennen. Dies darf nur dann der Fall sein, wenn die Sicherheit und Ordnung der JVA durch Tochter T gefährdet wäre und dies ist hier nicht der Fall. Außerdem ist durch das tadellose Verhalten des Vaters in der Haft auch kein Grund für das Verbot vorhanden.

Die Auffassung des Vollzugsbeamten, dass unbegleiteter Besuch, das Kindeswohl gefährde, ist anhand der regelmäßigen Besuche der Tochter mit ihrer Mutter nicht zu teilen, denn nach § 1626 Abs. 3 BGB i.V.m. § 1684 Abs. 1 BGB ist das Wohl des Kindes im Umgang mit beiden Elternteilen zu sehen. Nach Artikel 3 UN-KRK soll das Kindeswohl garantiert werden. Aufgrund dessen, dass die Tochter T den Vater in diesen 14 Monaten regelmäßig besucht hat, kann man hier nicht von einer Kindeswohlgefährdung ausgehen durch den Besuch. Dies wäre gegeben durch die Verhinderung des Umgangs mit dem Vater durch den Besuch. Der regelmäßige Besuch beim Vater in der JVA lässt auch nicht auf eine Kindeswohlgefährdung schließen, da der Tochter die Situationen, die Abläufe in der JVA und die räumlichen Gegebenheiten, usw. bekannt sind. Würde es sich um den Erstbesuch beim Vater in der JVA handeln, so wäre der Sachverhalt ein anderer.

Auch kann anhand der Straftat des Vaters und seines positiven Verhaltens im Vollzug kein Anhaltspunkt für eine Kindeswohlgefährdung festgestellt werden. Immerhin sollen nun Vollzugslockerungen geprüft werden, da weder Flucht- noch Missbrauchsgefahr besteht und sich der Vater beanstandungslos verhält im Vollzug. Es handelt sich bei der Straftat nach § 263 Abs. 3 Nr. 1 StGB zwar um einen schweren Fall des Betrugs, wodurch die Strafe höher ausfällt, als bei einfachem Betrug, jedoch handelt es sich nicht um Straftaten, wie zum Beispiel Straftaten gegen die sexuelle Selbstbestimmung (vgl. §§ 174 ff. StGB) oder Straftaten gegen das Leben (vgl. §§ 211 ff. StGB), sowie Straftaten gegen die körperliche Unversehrtheit (vgl. §§ 223 ff. StGB). Wäre der Vater wegen einer dieser Bereiche verurteilt worden, könnte man die vage Vermutung äußern, dass die Kindeswohlgefährdung hier genauer betrachtet werden muss, weil man nicht ausschließen kann, dass der Kindesvater auch Handlungen gegenüber seinem Kind verübt. Aber dies ist nicht gegeben.

Jede hessische JVA arbeitete mit gewissen Vollzugszielen und Aufgaben im Vollzug, um den Täter wieder auf die Gemeinschaft bzw. Gesellschaft vorzubereiten. Neben dem Vollzugsziel „Schutz der Allgemeinheit" im Sinne des § 2 Abs. 2 HStVollzG, welches sich darum bemüht die Sicherung und Eingliederung zu ermöglichen, gibt es ein weiteres wichtiges Vollzugsziel. Das Vollzugsziel der „Resozialisierung" im

Sinne des § 2 Abs. 1 HStVollzG. Bei der Resozialisierung geht es unter anderem darum, dem Gefangenen Maßnahmen innerhalb des Vollzuges zu bieten, um sich nach der Aussitzung der Strafe wieder in die Gesellschaft einzugliedern (vgl. § 5 Abs. 2 HStVollzG). Zudem soll dem Gefangenen zur Resozialisierung ermöglicht werden, durch Maßnahmen gewissen Fähigkeiten und Fertigkeiten zu entwickeln, damit sie nach dem Strafvollzug einsichtig und ein Leben ohne Strafe führen können (vgl. § 5 Abs. 1 HStVollzG). Die Resozialisierung ist nicht nur einfachgesetzlich geregelt. (vgl. §2 HStVollzG), sondern kann als Anspruch aus Art. 1 i.v.m. Art 2 Abs. 1 GG hergeleitet werden. Nach Art. 20 Abs. 1 GG, in dem das Sozialstaatsprinzip geregelt ist, stellt der Staat die Ressourcen zur Verfügung, um eine Resozialisierung überhaupt erst möglich zu machen. (vgl. Ostendorf BpB)

Die Resozialisierung kann durch die regelmäßigen Besuche der Tochter, wie auch der Mutter gefördert werden, denn sie sind das „Tor nach Draußen" und ermöglichen dem Vater auf gewisse Weise ein normales Leben und Sozialer Kontakt.

Der Vater Benno hat nach Art. 6 Abs. 2 GG das natürlich Recht der Erziehung und Pflege seines Kindes. In §82 HStVollzG ist geregelt, welche Grundrecht eingeschränkt werden dürfen. Artikel 6 GG ist dabei nicht aufgeführt. Sicherlich ist der Vater indirekt in seinem Elternrecht eingeschränkt, in dem er nicht alltäglich seine Elternpflichten wahrnehmen kann, jedoch ist der Kontakt zu Angehörigen eine besonders geförderte Maßnahme der hessischen JVA. Zudem ist das Grundrecht indirekt eingeschränkt, da es in den hessischen Justizvollzugsanstalten Besuchszeiten gibt und der Vater nur mit einem Besuchsschein besucht werden darf.

Vater Benno sieht sich laut Sachverhalt in seinen Eltern – und Grundrechten verletzt. Jedoch kann man nicht davon sprechen, dass seine Elternrechte verletzt wurden, da die Tochter nur einmalig nicht eintreten darf. Die Tochter hat formale Fehler gemacht und ist ohne Einverständnis zum Besuch ohne Begleitung erschienen. Die Besuche zwischen Angehörigen und Inhaftierten werden in der JVA in Hessen besonders (sogar auf gesetzlicher Grundlage) gefördert.

Im Sinne des §33 Abs. 2 Nr. 1 - 3 HStVollzG könnte die JVA den Kontakt untersagen, jedoch trifft keines der Punkte auf die Situation zwischen Vater und Tochter zu.

Nach § 34 Abs. 1 HStVollzG ist es das Recht des Vaters regelmäßig den Besuch zu empfangen, darüber hinaus soll der Besuch gefördert werden, wenn nach § 34 Abs. 2 HStVollzG der Besuch zur Wiedereingliederung (also der Resozialisierung) und der Wahrnehmung der familiären Angelegenheiten dient. In diesem Fall trifft das bei dem Besuch der Tochter zu. Er ist als Vater (vgl. §1592 BGB) und somit als Personensorgeberechtigter (vgl. §7 Abs. 1 Nr. 5 SGB VIII) für die Tochter verantwortlich und möchte familiäre und emotionale Angelegenheiten wahrnehmen. Somit ist der Besuch der Tochter von größter besonderer Bedeutung.

Um die Vollzugsziele der Resozialisierung und Wiedereingliederung zu unterstützen und zu ermöglichen, hätte man sich die Frage stellen können, ob der Vollzugsbeamte trotz §23 HVV nicht hätte anders handeln können. Somit hätte der Vollzugsbeamte auch weitere Handlungsmöglichkeiten zur Entscheidung gehabt:

> Eine telefonische Rücksprache mit der Mutter wäre einer Einverständniserklärung eines Personensorgeberechtigten nach §23 Abs. 2 S. 2 HVV gleichgestellt und hätte den Zutritt ermöglicht.

> Rückfragen bei dem nächsthöheren Diensthabenden oder dem Anstaltsleiter hätten ggf. dazu führen können, dass die Tochter unter Vorbehalt hätte herein kommen dürfen.

> Es gibt die Annahme, dass es sich bei dem Gesagten bzw. Vorgebrachten der Tochter, also die Aussage „Sie möchte ihren Vater besuchen und ihre Mutter sei krank und können den Besucht heute nicht gemeinsam mit ihr durchführen", um die Übermittlung der Willenserklärung der Mutter nach § 133 BGB handelt. Dies kann vermutet werden, da man davon ausgehen kann, dass die Mutter im Besitz des Besucherscheins, sowie des Kinderausweises ist und die Mutter ihr die Unterlagen mitgegeben hat, damit sie den Besuch alleine durchführt. Dies ist Auslegungssache.

> Der Beamte hätte den Vater als Elternteil fragen können, da auch seine Willenserklärung als Träger der elterlichen Sorge und somit PSB rechtens ist (Vgl. § 7 Abs. 1 Nr. 5 SGB VIII).

> Handeln im Sinne der Mutter hätte der Beamte auch können, wenn er aus der Regelmäßigkeit der Besuche der Tochter mit der Mutter die Zustimmung und Förderung des Kindeswohles ausgelegt hätte, weil man davon ausgehen könnte, dass die Tochter und auch die Mutter den Besuch und den Umgang mit dem Vater möchte.

2.2.2 Aufgabe 2

Vater B fühlt sich in seinen Grundrechten, insbesondere den Elternrechten verletzt. Er hat nun verschiedene Möglichkeiten gegen die Versagung des unbegleiteten Besuchs seiner Tochter T vorzugehen. Nach Art. 19 Abs. 4 GG hat B dieselben Rechte, wie jeder andere Bürger gegen Entscheidungen vorzugehen. Zuerst einmal hat B die Möglichkeit gemäß § 57 Abs.1 HStVollzG (siehe auch §108 Abs. 1 StVollzG) sich an die Anstaltsleitung mit seinen Wünschen, Anregungen oder in diesem Fall mit seiner Beschwerde zu wenden. Hierfür werden Sprechstunden zur Verfügung gestellt, die in den jeweiligen Hausordnungen der JVA geregelt sind (vgl. §79 Abs. 2 HStVollzG). Das Beschwerderecht ist eine vollzugsinterne Kontrolle mit dem Ziel der Konfliktbewältigung ohne gerichtliche Auseinandersetzung. (Laubenthal 2011, S. 461) Wenn er mit einer Beschwerde nichts erreichen kann, hat er weitere Möglichkeiten gegen die Versagung vorzugehen. Er kann ein Gespräch mit einem Vertreter einer Aufsichtsbehörde führen und dadurch sein Anliegen in Abwesenheit von Vollzugsbediensteten vortragen. Dafür hängen Listen in der JVA aus, in welche sich die Insassen eintragen können, um einen Termin zu erhalten. Diese Möglichkeit ist aus dem Wortlaut des §57 Abs. 2 HStVollzG zu entnehmen. Wenn all dies nichts bewirkt hat, gibt es die Möglichkeit der Dienstaufsichtsbeschwerde. Nach §108 Abs. 3 StVollzG, bzw. §57 Abs. 3 HStVollzG kann B eine Dienstaufsichtsbeschwerde einlegen, welche formlos dazu beiträgt, eine dienstliche Entscheidung, im Falle des B die Entscheidung des Vollzugsbeamten B, zu beanstanden, überprüfen oder ggf. diese zu korrigieren (vgl. Laubenthal 2011, S. 463).

Nach §81 Abs. 3 S. 1 HStVollzG (s.a. §164 Abs. 1 S.1 StVollzG) gibt es zudem die Möglichkeit seine Beschwerde über die Untersagung des Besuchs seiner Tochter bei dem Anstaltsbeirat vorzubringen. Man kann dieses Vorbringen als weitere Überprüfung sehen, da der Anstaltsbeirat selbst keine Befugnis hat

Entscheidungen zu treffen und die Wünsche und Beschwerden an die Anstaltsleitung übergeben (vgl. Laubenthal 2011, S. 464).

Wenn die oben aufgeführten vollzugsinternen Maßnahmen erfolglos geblieben sind, kann das Verfahren auf Gerichtsebene weitergeführt werden. Gemäß §§ 109 ff. StVollzG gibt es das gerichtliche Kontrollverfahren, wodurch die Beschwerde nicht mehr vollzugsintern, sondern öffentlich thematisiert wird. Hierfür wendet sich Vater Benno an die Strafvollstreckungskammer und stellt einen Antrag, in dem er seine Rechtsverletzung geltend machen möchte. Dadurch kommt es zur Überprüfung der Zulässigkeit seines Antrags (vgl. Laubenthal 2011, S. 465,466).

Da es sich hierbei um einen Verwaltungsakt handelt, kommt es zu einer Zulässigkeitsprüfung und einer Prüfung der Begründetheit. In diesem Fall würde Benno einen Anfechtungsantrag stellen, durch den es zu der Aufhebung einer belastenden Maßnahme, also des Verbotes, dass die Tochter alleine den Vater besuchen dürfe, kommt. (vgl. §§109 Abs.1 S.1, 115 Abs. 2 S.1 StVollzG). Zudem würde er einen Annexantrag zum Anfechtungsantrag stellen, da der Besuch schon hätte stattfinden sollen. Dieser Folgebeseitigungsantrag i.S.d §115 Abs. 2 S.2 StVollzG würde zu einer Rückgängigmachung führen, in diesem Fall kann man den verpassten Besuch zwar nicht zurücknehmen, aber weitere Besuche ohne Mutter in den folgenden Monaten zulassen (vgl. Laubenthal 2011, S. 476).

Als ein weiteres Beschwerdemittel gilt die Rechtsbeschwerde, bei der Vater Benno gegen die Entscheidung der Strafvollstreckungskammer i.S.d §116 Abs. 1 StVollzG vorgehen kann. Sie ähnelt der Revision und soll zu einer einheitlichen Rechtsprechung führen. (vgl. ebd., S. 503) Die Verfassungsbeschwerde nach Art. 93 Abs. 1 Nr. 4a GG i.V.m §90 Abs. 1 BVerfGG dient ihm als weitere Möglichkeit und er ist antragsberechtigt diese zu stellen. Jedoch ist dies die letzte Instanz. Vater B muss zuvor alles Mögliche getan haben, um den Rechtsweg auszuschöpfen (vgl. Art 94 Abs. 2 GG und §90 Abs. Abs. 2 S.1 BVerfGG). Diese Beschwerde stellt er beim Bundesverfassungsgericht, weil er sich in seinen Grundrechten, in dem Fall in seinem Elternrecht nach Art. 6 GG, verletzt fühlt. (vgl. ebd., S. 515)

Es gibt noch die Möglichkeiten eine Individualbeschwerde beim Europäischen Gerichtshof für Menschenrechte (vgl. Art. 34 EMRK), sowie eine schriftliche Petition (Vgl. Art 17 GG) mit der er sich an die Volksvertretung wenden kann, zu erheben (vgl. Laubenthal: 2011, S. 518). Als letzte Möglichkeit gibt es das Gnadenbegehren. (vgl. ebd., S. 519)

Jedoch würden im Fall von Vater Benno die Maßnahmen über das Gericht hinaus zu weiträumig sein und wären ggf. nicht nötig.

Modul 10A Lehrveranstaltung „Beratung in Zwangskontexten" bei Frau St.

2.3.Portfolioaufgabe Beratung bei Frau St.

2.3.1 Aufgabe 1

1. In dem Text „Techniken der Neutralisierung: Eine Theorie der Delinquenz" von Gresham M. Sykes und David Matza aus dem Jahr 1979 wird zu Beginn aufgezeigt, wie jugendliche Straffällige Strategien entwickeln, um nach dem Begehen ihrer Tat diese zu rechtfertigen, um sich damit vor Selbstvorwürfen und Vorwürfen der Gesellschaft zu schützen und sich nicht als Täter, sondern als Opfer zu betrachten - diese Rechtfertigungen werden von den Autoren als Neutralisierungstechniken bezeichnet.

2. Dabei ist die These der Autoren, dass das kriminelle Verhalten der Jugendlichen durch den Prozess des Lernens dieser Neutralisierungstechniken sogar begünstigt wird und der Delinquente trotz seiner Haltung soziale Normen und Werte des gesellschaftlichen Systems verinnerlicht und aneignet, um im sozialen System zurecht zu kommen, das abweichende Verhalten vom System jedoch mit den Neutralisierungstechniken rechtfertigt, um dann wiederum Scham uund Schuldgefühle, die auch der Delinquente aufbaut zu mildern.

3. Sykes und Matza haben insgesamt fünf Typen von Neutralisierungstechniken entworfen, die die eigenen inneren Barrieren und Hemmungen überwinden sollen, damit der jugendliche Straffällige weiterhin sein delinquentes Verhalten ausleben kann und daraufhin sein abweichendes Handeln zu jederzeit rechtfertigt mit diesen Strategien, dabei ist die erste genannte Technik, die der „Ablehnung der Verantwortung" – Bei dieser Technik sieht der straffällig gewordene Jugendliche seine Verantwortlichkeit für seine Taten nicht, sondern sieht die Ursachen für sein Handeln in externen Einflüssen begründet (Zb. Schlechter sozialer Umgang (Freunde) oder ein niedriger sozialer Stand in der Gesellschaft) und damit verbunden die Verantwortlichkeit für sein Handeln bei Anderen.

4. Die zweite genannte Technik ist die „der Verneinung des Unrechts" – Bei dieser Technik geht es hauptsächlich um den Schaden bzw. das Unrecht, denn der Delinquente sieht sein Verhalten trotz des Verstoßes gegen das Gesetz, als harmlos und moralisch in Ordnung, weil er fühlt das kein großer Schaden angerichtet wird.

5. Die dritte Technik ist die „der Ablehnung des Opfers" – Bei dieser Technik erkennt der Delinquent zwar das Unrecht und dass er einen Verstoß gegen das Gesetzt begangen hat, sieht seine Tat aber mehr als Rache oder Strafe für das Opfer an, weil das Opfer es verdient habe.

6. Die vierte Technik ist die der „Verdammung der Verdammenden"- Bei dieser Technik wird fehlerhaftes Handeln der staatlichen Kontrollen als Ursachen für die eigenen Taten gesehen und es erfolgt eine Schuldzuweisung gegenüber anderen Instanzen, wie der Polizei, um von seinem eigenen rechtswidrigen Handeln abzulenken.

7. Die letzte Neutralisierungstechnik ist die „der Berufung auf höhere Instanzen" – Bei dieser Technik handelt der Täter nicht aus eigenem Interesse, sondern versucht dem Rollenkonflikt der verschiedenen Systeme aus dem Weg zu gehen, das meint das er zum Beispiel im Namen des Freundeskreises handelt und dadurch mit dem System der Normen und Gesetze bricht und rechtfertigt diesen Verstoß

mit der Handlung im Namen des kleineren „sozialen" Systems der Freunde oder plädiert auf Grup-
penzwang.

2.3.2 Aufgabe 2a

Der Nutzen des Ansatzes von Sykes und Matza für eine beraterische Grundhaltung ist von großer Bedeutung. Zu Beginn muss ich mir vor Augen führen, dass es sich um Zwangskontexte handelt und nicht
jeder meiner Klienten freiwillig zu einem Beratungsgespräch kommt. Zudem ist nicht jedem Klienten bewusst, warum er ein Beratungsgespräch aufsuchen soll. Deswegen sollte ich schon vor Beginn des Be-
ratungsgespräches ein fundiertes Wissen über den Klienten und über die Profession des Beraters und
des Beratungsprozesses besitzen. Somit ist auch das Wissen über die Neutralisierungstechniken sehr
wichtig für meinen Beratungsprozess. Indem ich mir die Techniken angeeignet habe, kann ich das Beratungsgespräch vorbehaltslos, aber trotzdem gezielter lenken, weil ich die Rechtfertigungsgründe des Inhaftierten zuordnen kann. Ich kann erkennen, warum er kriminell geworden ist und besser analysieren,
warum er so reagiert, wie er reagiert. Oftmals nutzen Klienten die Neutralisierungstechniken als Schutz
für sich selbst und bauen sich damit Mauern. Durch das Wissen über die Techniken, kann ich das Verhalten des Klienten jedoch besser nachvollziehen und besser auf diesen eingehen. Es fällt mir leichter
die Ressourcen der Person herauszuarbeiten, wenn ich seine Bewältigungsstrategien kenne (Neutralisierungstechnik). Ich werde während des Gesprächs sehr wahrscheinlich oft damit konfrontiert, dass der
Inhaftierte seine Taten und Probleme und damit verbunden seine Scham und die Schuldgefühle durch
die Neutralisierungstechniken zu überdecken versucht und muss versuchen eine professionelle Distanz
zu wahren, ihm aber trotzdem das Gefühl geben, dass er sich nicht schämen muss. Es ist wichtig, dass
ich ressourcenorientiert arbeite und ihm nicht seine Fehler vorhalte. Die Nicht-besserwissende Grundhaltung nach Apello ist sehr wichtig für den Beratungsprozess, weil ich damit Vertrauen schaffe und dem
Klienten zeige, dass er der Experte seines eigenen Themengebiets ist. Dies führt dazu, dass es dem
Klienten ggf. leichter fällt sich zu öffnen.

Zudem muss ich die beraterischen Grundsätze nach Rogers verinnerlicht haben. Empathie, Kongruenz
und Wertschätzung bilden die Grundlage jeder zwischenmenschlichen Kommunikation und auch die der
Beratung. Dabei ist es wichtig, dass ich mich in die Perspektive des Klienten hineinversetze und seine
Welt erlebe, als sei es meine (vgl. Schwinger 2008, S.6). Nach Conen ist es wichtig, dass ich während
meiner Beratung darauf achte, die Autonomie meines Klienten zu respektieren und ihm respektvoll ge-
genüberzutreten (Vgl. S.284). Klienten kommen oft mit Ängsten ins Beratungsgespräch, welche sie versuchen zu überspielen. Zudem erschweren die Ängste vor Veränderungen die ressourcenorientierte
Sichtweise des Beraters (vgl. Conen:1999, S. 290). Deswegen ist es wichtig, dass ich weiß, dass Menschen ihr Leben nur dann verändern, wenn sie einen inneren Antrieb zur Veränderung haben (vgl. Hes-
selink/Lindeman, S.5).
Ich kann versuchen das Veränderungsbedürfnis im Klienten zu wecken, muss aber im Hinterkopf behal-
ten, dass ich den Klienten nicht ändern kann, sondern nur er sich selbst (vgl. Conen: 1999, S. 291). Nur
so wird der Klient irgendwann freiwillig die Beratung aufsuchen. Für die Beratungssequenz sind eine gute

Auffassungs- und Beobachtungsgabe von besonderer Bedeutung. Durch gutes Beobachten kann ich auch kleine Dinge, wie Gestiken und Mimiken, erkennen, welche mir im Verlauf der Beratung helfen das Vertrauen des Klienten zu gewinnen. Dabei ist wichtig, dass ich den Klienten nicht unter Druck setze, ihm offen, freundlich und unvoreingenommen entgegentrete. Ein weiterer Punkt für eine gute Beratung ist es, dass ich mich und meine Erfahrungen, Gefühle und Handlungsstrategien schon vor dem Beratungsgespräch reflektiert habe, um überhaupt eine neutrale und unvoreingenommene Beratung zu ermöglichen. Dabei ist eine ausgeglichene Balance zwischen Empathie und einer guten reflexiven Distanz besonders wichtig, damit der Klient sich von mir verstanden fühlt, aber gleichzeitig muss ich eine gute professionelle Distanz im Beratungsgespräch wahren (vgl. Schwinger: 2008, S.6). Für eine gute beraterische Grundhaltung sind ressourcenorientiertes Denken, Sensibilität und Methodenkompetenzen sehr wichtig. Ich muss deshalb eine, wie oben erwähnte, Grundhaltung nach Rogers haben, um eine Beziehung zu dem Beratenden aufzubauen und somit auch hinter die Fassade seiner Neutralisierungstechniken zu blicken.

2.3.3 Aufgabe 2b

Mein Handeln im Umgang mit dem Klienten ist von vielen Faktoren bedingt und wird von äußeren Faktoren beeinflusst. Wenn ich nun einen Klienten im Beratungsgespräch habe, der versucht seine Probleme und damit verbunden seine Schuldgefühle durch Neutralisierungstechniken zu verdecken, ist es wichtig genauer hinzusehen. Was gibt der Klient mir für Signale? Habe ich eine Möglichkeit näher an ihn heran zu kommen und trotzdem die professionelle Distanz zu wahren? Bei dieser Art von Beratungsgespräch ist eine angemessene zugewandte Körperhaltung und vor allem authentisches Auftreten von besonderer Bedeutung, denn durch die Neutralisierungstechniken baut sich der Klient seine eigene Schutzmauer, die man im Hinblick einer möglichen Resozialisierung des Klienten abzubauen versucht. Ich muss ihn durch vertrauensvollen Umgang dazu motivieren selbst an sich zu arbeiten. Der Beziehungsaufbau durch offene, freundliche Worte und ein damit verbundener Umgang ermöglichen Vertrauen und könnten zu einem besseren Beratungsergebnis führen. Durch offene Fragen zum Beispiel versuche ich der Ursachenfindung näher zu kommen. Die gemeinsame Lösungsfindung durch gezielte Fragen wird angestrebt. Die „Was wäre wenn Fragen" zeigen die Wechselwirkung von Problemen und des Problemkontextes und lockern die Beratung etwas auf. Der ganze Beratungsprozess wird kreativer und leichter gestaltet (vgl. Schwing und Fryszer: 2015, S. 222). Diese Art der Fragen wird auf De Shazers lösungsorientierte Kurztherapie zurückgeführt. Dabei geht es darum, dass man davon ausgeht, dass Probleme nicht hilfreich für die Lösungsfindung sind, sowie die Tatsache, dass Gespräche über Lösungen auch eher zu Lösungen führen und man deshalb lieber die Gespräche über Probleme streicht. Lösungen zu finden sind oftmals viel einfacher als sich im Chaos der Probleme zurecht zu finden (Vgl. ebd., S. 222). Fragen wie zum Beispiel: „Angenommen heute Nacht geschieht ein Wunder und ihr Problem wäre verschwunden"? oder „Wenn unsere Beratung erfolgreich ist und Sie einen Großteil der Probleme bewältigt haben, wie sähe dann ihr Leben aus, was würden Sie anders machen als heute"? (vgl. ebd., S.230). Diese Art der Fragen ermöglicht eine positive Wendung im Gespräch und eröffnet Hoffnung im Klienten. Er wird zur Mitarbeit ermutigt und angeregt. Die Fragen sollen zur Exploration anregen und die Beratung lockern (vgl. Schwinger: 2008, S. 223).

Aber auch Fragen, die auf die Tiefe der Situation zielen, z.B. „Wenn Sie Straftat nicht begangen haben, was denken Sie warum Sie jetzt hier mit mir dieses Gespräch führen müssen?" Dadurch wird der Klient angeregt sich mit Problemen auseinanderzusetzen (vgl. Conen:1999, S. 194) und die Beratung orientiert sich nicht alleine an der Lösungsfindung, sondern auch an der Bewältigung des IST-Zustandes. Durch die richtigen Fragen fühlt sich der Klient ernst genommen und ich kann im Beratungsgespräch daran arbeiten seine Stärken herauszuarbeiten. Neutralisierungstechniken von Delinquenten haben Ursachen, welche oftmals in der Psyche liegen und verbunden sind mit einem Defizit, welches der straffällige Jugendliche versucht auszugleichen und sein Bedürfnis nach Anerkennung zu befriedigen. Es ist wichtig die Persönlichkeit durch gezielte Fragen herauszuarbeiten, um hinter die Fassade des Problems zu blicken und dem Klienten den Druck unter dem er steht, um seine Fassade aufrecht zu erhalten, zu nehmen. Es ist dabei wichtig Verständnis für seine Perspektive also seine Lebenswelt zu zeigen (vgl. Bereswill:2005). Selbst wenn der Klient nicht bereit ist im Beratungsgespräch zu sprechen, müssen gewisse Kommunikationsmodelle bekannt sein, die die Analyse des Verhaltens des Klienten ermöglichen. Neben Watzlawicks Axiomen, zb. „Man kann nicht nicht kommunizieren", ist das Vier Ohrenmodell nach Schulz von Thun sehr wichtig, dass der Berater bestimmte Worte nicht nur von der Informationsebene betrachtet, sondern ggf. auch den Apell oder den Beziehungsaspekt dahinter, damit eine Analyse der Gesamtsituation möglich ist. Zudem ist im systemischen Arbeiten die zirkuläre Frage, zum Beispiel die Fragen zur Problemgeschichte, ein gutes Werkzeug in der Beratung (vgl. Schwing und Fryszer: 2015, S.210). Aber auch die konstruktiven W-Fragen aus den Mini Max Interventionen nach Prior. Es gibt vielerlei Werkzeuge die im Umgang mit Klienten von großer Bedeutung sind.

2.3.4 Aufgabe 3

Wenn man sich zu einseitig oder stark auf den Ansatz von Sykes und Matza fokussiert, können daraus Nachteile für den Beratungskomplex entstehen. Zuerst einmal verliert man das Wesentliche aus den Augen. Dadurch, dass es nur um die Rechtfertigungsgründe und die Abgabe der Verantwortung und die Schuldzuweisung des Klienten auf andere geht, ist es schwierig gemeinsam mit dem Klienten die Ursachen zu erforschen. Oftmals kann dann keine persönliche, auf den Klienten abgestimmte Beratung stattfinden, weil die Persönlichkeit ggf. eine ganz andere ist, wie das dargestellte Verhalten durch die Neutralisierungstechniken. Außerdem ist ein Nachteil, dass durch die Neutralisierungstechniken, der Delinquente sich selbst in die Opferrolle stellt, obwohl dieser eigentlich die Täterseite repräsentiert. Somit könnte die Perspektive der geschädigten Seite, also das wahre Opfer, verloren gehen und es gäbe keine Würdigung bzw. Sühne. Aber auch andere Faktoren, wie zum Beispiel die Gesetze, die der Delinquente bricht oder das Verhalten gegenüber öffentlichen Instanzen, Erziehung, aber auch Themen, wie Politik könnten in den Hintergrund rutschen oder ganz vergessen werden. Wenn zu stark auf die Neutralisierungstechniken in der Beratung geschaut wird, kann es zu Kategorisierung der Klienten kommen. Man nimmt sich immer vor, die Menschen nicht in Schubladen zu stecken, doch in der Realität, macht man es doch. Dadurch kann es zu oberflächlichen Beratungsgesprächen kommen und Empathie geht verloren. Somit kann eine Vertrauensbasis erst gar nicht aufgebaut werden, weil der Klient sich nicht öffnen möchte und hinter seinen Rechtfertigungstechniken bleibt und die „Schutzmauer" zu hoch ist.

2.4 Portfolioaufgabe F.

2.4.1 Hat Sandra sich strafbar gemacht?

A. Die Sozialarbeiterin Sandra könnte sich gemäß § 180 Abs. 1 Nr. 2 StGB einer Förderung Sexueller Handlungen Minderjähriger strafbar gemacht haben. Voraussetzung ist hierfür, dass sexuelle Handlungen [...] von Dritten an einer Person unter sechzehn Jahren durch Gewähren oder Verschaffen von Gelegenheiten Vorschub geleistet werden.

1. Tatbestandsmerkmale

1.1 Objektiver Tatbestand

1.1.1 Sexuelle Handlung

Die sexuelle Handlung wird nach dem BGH in einem Urteil über den §184 h StGB definiert. Dabei heißt es, dass sexuelle Handlungen Handlungen sind, die schon bei der Betrachtung die objektiven Rahmenbedingungen für einen Sexualakt, sowie deren Erscheinungsbild einen Bezug zu einem Sexualakt erkennen lassen müssen (vgl. BGH 06/2017). In der Gesetzessequenz geht es um die Förderung der sexuellen Handlung.

Es ist fraglich, ob Thea und Friedrich auf der Jugendfreizeit wirklich die Möglichkeiten haben miteinander zu schlafen. Deswegen kann man in Sandras Fall nur die vage Vermutung aufstellen, dass Thea und Friedrich eine sexuelle Handlung ausführen. Da es sich bei diesem Tatbestand um die Förderung der sexuellen Handlung handelt, ist der Tatbestand erfüllt, da Sandra es möglich macht, das es passieren könnte.

1.1.2 Person unter 16 Jahren

In unserem Fall handelt es sich bei Thea um eine 14 jährige Person. Somit erfüllt sie diesen Tatbestand.

1.1.3 Dritte Person

Theas Freund Friedrich ist im vorliegenden Fall durch sein Beisein die dritte Person und erfüllt somit das Tatbestandsmerkmal der dritten Person.

1.1.4 Gewähren oder Verschaffen von Gelegenheiten

Das Gewähren oder Verschaffen von Gelegenheiten wird definiert als das Herbeiführen von äußeren Umständen, durch die sexuelle Handlungen ermöglicht oder vereinfacht werden (Riekenbrauk: 2017, S. 277) Unter Gewähren oder Verschaffen von Gelegenheiten fällt unter anderem das Überlassen oder Bereitstellen von Räumen. (vgl. BGH NJW 59, 1284[...]) Zudem wird zwischen Gewähren und Verschaffen

unterschieden. Gewähren bedeutet, dass die äußeren Umstände bereits zur Verfügung standen. Beim Verschaffen muss der Täter die Gelegenheit erst einmal arrangieren. (vgl. Laubenthal Rn. 639; [...])
In unserem Fall wird durch die Sozialarbeiterin S, Thea und Friedrich ein gemeinsames Zimmer auf der Jugendfreizeit zugeteilt. Somit gewährt sie ihnen eine Gelegenheit und erfüllt somit den Tatbestand des Gewährens von Gelegenheiten.

1.1.5 Vorschubleisten

Vorschubleistung wird definiert als Schaffung von günstigeren Bedingungen für sexuelle Handlungen. Dabei muss es nicht zum sexuellen Akt gekommen sein. Eine unmittelbare Gefährdung des Jugendlichen reicht aus (vgl. Riekenbrauk: 2017, S. 277). Es genügt zudem wenn die günstigen Bedingungen für einen nach Ort, Zeit und Beteiligten konkretisierten Sexualakt bewirkt (vgl. Laubenthal: 2012, S. 241). Die vage Vermutung, dass der Jugendliche das Zimmer zu sexuellen Kontakten wirklich nutzt, reicht nicht aus um eine Vorschubleistung als gegeben zu betrachten. (vgl. Riekenbrauk: 2017, S. 278) Da jedoch Probleme entstehen können, wenn es zur sexuellen Handlung kommt und dem Betreuer einer Jugendfreizeit dann vorgeworfen werden kann, dass er „nichts unternommen" hat, ist in diesem Fall Vorschubleisten durch Unterlassen im Sinne des §13 StGB gegeben. Voraussetzung für Vorschubleisten durch Unterlassen ist eine Garantenstellung, wodurch ein Betreuer die Pflicht zur Verhinderung des Sexualakts hat (vgl. ebd.). Jedoch muss der Grarant die Möglichkeit haben und es muss ihm zumutbar sein, dies verhindern zu können (vgl. AllgM, s. bereits BGH 17.2.[...]).
In unserem Fall lässt die Sozialarbeiterin, die eine Garantenstellung nach §13 StGB innehat, Thea und Friedrich in einem Zimmer auf der Jugendfreizeit übernachten, obwohl sie weiß, dass diese ein Paar sind. Durch ihre Garantenstellung (vgl. F. Rn. 9[...]) als Sozialarbeiterin bzw. Betreuerin auf der Jugend-freizeit hat sie die Pflicht die sexuelle Handlung zu verhindern. Es ist eine vage Vermutung, dass es zu einer sexuellen Handlung innerhalb dieses Zimmers kommt, da zum einen solche Zimmer meistens Mehr-bettzimmer sind und Ungestörtheit dort wenig möglich ist. Es ist zu dem fraglich, ob sie ungestörte Zeit haben werden in ihrer Freizeit auf der Jugendfreizeit. Es findet ein Gespräch zwischen Sozialarbeiterin Sandra und der Mutter statt, zur Klärung der Einwilligung. Jedoch ist das Vorschubleisten durch Unterlassen in diesem Fall gegeben, da Sozialarbeiterin Sandra sagt, dass sie auch ohne die Einwilligung der Mutter wieder so handeln würde, da sie der Auffassung sei, dass Jugendliche über sich selbst bestimmen dürfen. Somit versucht sie nicht zu verhindern, dass etwas passieren könnte und leistet Vorschub durch Unter-lassen. Sie hätte ggf. dies verhindern können, wenn sie im selben Raum geschlafen hätte. Das Tatbe-standsmerkmal ist erfüllt.

1.1.6 Ausschlusstatbestand im Sinne des §180 Abs. 1 S. 2 StGB

In diesem Tatbestand geht es um das Erzieherprivileg, welches nach §180 Abs. 1 S. 1 Nr. 2 StGB die Strafbarkeit der Personensorgeberechtigten (PSB), bei nicht grob fahrlässiger Verletzung ausschließt (vgl. Riekenbrauk: 2017, S. 279). Dieses Erzieherprivileg haben nur Eltern (ggf. Vormund, Pfleger oder Jugendamt) und es ist nicht auf Dritte übertragbar (vgl. MüKoBGB/ Hbr BGB §1626 Rn. 14). Somit macht sich der Dritte auch dann strafbar, wenn er mit der Einwilligung des Personensorgeberechtigten nach dessen Worten handelt (vgl. S. HAnack NJW 1974[...]). Die Vergünstigung des §180 Abs. 1 S.2 StGB kommt einem Dritten bei Einwilligung des PSB nicht zugute. Dies wurde im Gesetzgebungsverfahren und damit verbunden im Vermittlungsausschuss abgelehnt, sodass es kein *erweitertes Erzieherprivileg* gibt (vgl. Schroeder, Lange-FS, S. 391[...]).

In unserem Fall handelt die Sozialarbeiterin zwar mit der Einwilligung, würde jedoch auch ohne die Einwilligung der Mutter gleich handeln. Die PSB macht sich nicht strafbar, weil sie nicht grob fahrlässig ihre Erziehungspflicht verletzt. Sandra jedoch macht sich strafbar durch Unterlassen nach §13 StGB durch ihre Garantenpflicht. Das Tatbestandsmerkmal ist erfüllt.

1.2 Vorsatz

Vorsatz ist das Wissen und Wollen der Tatbestandsverwirklichung.

Sozialarbeiterin Sandra handelt vorsätzlich, da sie nicht versucht einzugreifen und jederzeit wieder so handeln würde aufgrund ihrer Ansicht, dass Jugendliche ein Selbstbestimmungsrecht haben.

2. *Rechtswidrigkeit, Schuld*

Rechtswidrigkeit liegt dann vor, wenn es keine Rechtfertigungsgründe (wie zb. Notwehr) gibt. Schuld wird durch die Rechtswidrigkeit indiziert.

Sandra handelt rechtswidrig und schuldhaft, da sie keine Rechtfertigungsgründe hat. Die Einwilligung der Mutter ist kein Rechtfertigungsgrund.

B. Ergebnis

Sandra hat sich gemäß §180 Abs. 1 Nr. 2 StGB strafbar gemacht.

<u>*2.4.2 Verknüpfung des Wissens über die einzelnen Bereiche mit der Sozialen Arbeit und dem Fall (B)*</u>

Kriminologisches, strafrechtliches und strafverfahrensrechtliches Wissen ist für die Arbeit als Sozialarbeiter von besonderer Bedeutung.

Strafrecht als Teil des Studiums zur Sozialen Arbeit ist wichtig für die Vorbereitung auf die Praxis, um in der Straffälligen- oder der Opferhilfe zu arbeiten. Auch in anderen Bereichen der Sozialen Arbeit, bspw. in der Jugendhilfe, ist strafrechtliches Wissen von größter Bedeutung.

Die Kriminologie ist wichtig für die Erforschung von Ursachen und Bedingungen von Straftaten und der dahintersteckenden Kriminalität. Der Straftäter steht im Vordergrund. Was waren seine Beweggründe für die Tat? Im Falle von Sandra wäre es die Ermittlung ihres Verständnisses über Selbstbestimmung. Sie würde jederzeit wieder, auch ohne die Erlaubnis der Mutter handeln. Hier gilt es zu erforschen, was ihre Beweggründe sind. Für den Sozialarbeiter ist das kriminologische Wissen von großer Bedeutung, da sie in ihrer alltäglichen Arbeit mit Straftätern konfrontiert werden. Der Sozialarbeiter erhält Statistiken, Erhebungen und Befunde und fachliche Beurteilung aus der Kriminologie, um Berichte zu verfassen (vgl. Oberlies: 2013, S. 178).

Das kriminologische Wissen ermöglicht es dem Sozialarbeiter besser mit dem Straftäter umzugehen, denn spätestens im Strafverfahren wird der Sozialarbeiter mit solchen in Berührung kommen. Sei es in der Jugendgerichtshilfe, Bewährungshilfe, Sozialer Dienst in der JVA oder vieles mehr. (vgl. ebd.) Kriminologie beantwortet Fragen zu Schuld, Verantwortung und Glaubwürdigkeit des Straftäters. Es handelt sich dabei um ein Forschungsgegenstand des Strafrechtes 8vgl. Riekenbrauk: 2017, S. 32). Viele Entscheidungen bedürfen empirischer Absicherung, aufgrund dessen Sozialarbeiter sich der Kriminologie bedienen (vgl. ebd.).

Sozialarbeiter müssen strafrechtliche Kenntnisse haben über den Verlauf der Verfahren, nicht nur für die Punkte an denen sie aktiv werden müssen und wo sie im Verfahren sitzen, ob als Jugendgerichtshilfe, ASD oder Justiz. Zu wissen wann der Sozialarbeiter in der Hauptverhandlung zu Wort kommt ist positiv für selbstsicheres Auftreten durch Kenntnisse vor Gericht. Peinlichkeiten können vermieden werden und der Sozialarbeiter agiert professioneller. In unserem Fall könnte sich Sandra, wenn es zu einer sexuellen Handlung gekommen wäre, strafbar hätte machen können und wäre selbst ggf. Teil einer Verhandlung. Aber natürlich könnte sie auch jederzeit als Zeuge oder in dem oben aufgeführten Arbeitsfeld in der Verhandlung tätig werden.

Sozialarbeiter sollten Wissen darüber besitzen, wie Verhalten im strafrechtlichen Sinne auszusehen haben. Nicht nur aktives Eingreifen führt zu Strafbarkeit, sondern auch das Unterlassen. Wenn Sozialarbeiterin Sandra den Sexualkontakt zwischen Thea und Friedrich nicht unterbindet, macht sie sich strafbar. Dafür ist es auch wichtig, dass ein Sozialarbeiter einen Überblick über Deliktsrecht besitzt, damit er weiß wo welche Gesetze zu finden sind. Im Fall von Sandra ist das Wissen über Unterlassen und ihre Garantenstellung nach §13 StGB von besonderer Bedeutung. Sie steht als Jugendfreizeitleiterin in einer besonderen Pflichtenstellung und kann nicht Handeln, wie sie möchte. Die Aussage, die Sandra tätigt, ist dass sie jederzeit wieder auch ohne die Erlaubnis der Mutter so agieren würde. Dies ist Problematisch, da sie durch die besondere Stellung als Garant vorsichtig in ihrer Vorgehensweise sein muss. Die Unterbindung eines eventuell sexuellen Handelns der beiden Jugendlichen, würde sie wahrscheinlich nicht für wichtig erachten, da sie die Selbstbestimmung des Jugendlichen für wichtig erachtet. Das sie jedoch strafbar gemacht werde kann, durch eine Unterlassens Handlung, muss sie das Wissen über solche wichtigen, ihre Arbeit betreffende, Paragraphen kennen.

Für den Sozialarbeiter sind aber auch die Rechtsbehelfe sehr wichtig. Wenn Sandra sich strafbar gemacht hätte und sie verurteilt worden wäre, ist es wichtig für sie zu wissen, in wieweit sie dagegen vorgehen kann. Natürlich ist dies auch für die Arbeit als Sozialarbeiter im Allgemeinen von besonderer Bedeutung. Der Sozialarbeiter kann die Unterstützung des Gefangenen, neben einem Anwalt, sein und berät den Inhaftierten über die Möglichkeit der Beschwerde, Berufung usw.

Wichtig sind auch für einen Sozialarbeiter die strafrechtlichen bzw. strafverfahrensrechtlichen Dokumente zu kennen. Diese Schriften zu verstehen und ggf. Antworten zu verfassen, wäre auch im Falle von Sandra von besonderer Bedeutung. Würde sie angezeigt werden und ggf. dann ein Brief vom Gericht erhalten, so ist das Verständnis dieses Briefes von großer Bedeutung für ihr weiteres Vorgehen.

Sozialarbeiter haben ihre Rechten und Pflichten zu kennen. Da wäre zum einen die Pflicht als Zeuge, dass der Sozialarbeiter nach einer Ladung die Pflicht des Erscheinens (§48 Abs. 1 S. 1 StPO) und die Pflicht der wahrheitsgemäßen Aussage hat (§48 Abs. 1 i.v.m §161a Abs. 1 StPO). Aber auch, dass bei Nichterfüllung ihrer Pflicht, Sanktionen verhängt werden. Wenn Sandra zum Beispiel geladen würde und sie würde dann nicht erscheinen, so käme ein Ordnungsgeld oder eine Ordnungshaft im schlimmsten Fall auf sie zu (Vgl. §51 StPO). Zudem sollte sie wissen, dass sie nicht immer die Möglichkeit hat, ihre Aussage zu verweigern, außer sie würde sich selbst belasten. Verweigert sie ihre Aussage, obwohl sie Aussagen muss, können auch Sanktionen, in Form von Ordnungsgeld oder Ordnungshaft, auf sie zu kommen (§70 StPO) (vgl. Riekenbrauk: 2017, S.113). Sie hat dem gegenüber aber auch ein Recht auf einen Anwaltlichen Beistand (§68b StPO) (vgl. ebd.) und in Ausnahmefällen ein Zeugnisverweigerungsrecht bei der Arbeit in einer Drogen- oder Schwangerschaftskonfliktberatung (§53 StPO) (vgl. ebd., S.114). Zudem hat sie nach §203 StGB eine Schweigepflicht (vgl. ebd., S.339), die entweder die Einwilligung oder einen gesetzlichen Erlaubnistatbestand benötigt, um die Schweigepflicht zu brechen. Das heißt, Sandra dürfte ihr anvertraute Geheimnisse nicht weitergeben oder nur wenn sie eine Offenbarungspflicht (vgl. ebd., S.342/43) hat.

Zudem ist es wichtig das Sozialarbeiter wissen, wann sie Entscheidungsbefugnisse haben und wann sie trotz Erlaubnissen Dritter handeln müssen oder ggf. anders handeln müssen, damit sie sich nicht strafbar machen. Hierbei ist das Erzieherprivileg zu nennen. Sandra müsste trotz der Einwilligung der Mutter das gemeinsame Zimmer unterbinden oder zu jeder Zeit Aufsicht führen, um zu gewährleisten, dass es nicht zu einem sexuellen Kontakt kommt (vgl. S. Hanack NJW 1974). Das Wissen dient zum einem zum Schutz der eigenen Person, aber auch zum Schutz der ihre anvertrauten Klienten (Thea).

Strafrechtliches Wissen ist für den Sozialarbeiter in der Form wichtig, dass er in der Justiziellen Arbeit die Unterscheidungen kennt zwischen Erwachsenem Strafrecht und Jugendstrafrecht, die unterschiedlichen Sanktionen, die unterschiedlichen Interventionsmöglichkeiten, verschiedene Bewährungsregelungen, die unterschiedlichen Verfahren und damit verbunden die Arbeit eines Sozialarbeiters innerhalb der beiden Gesetzesbereiche. Aber auch der Umstand ist wichtig. Das heißt der Sozialarbeiter muss die unterschiedlichen Gegebenheiten in der Haft kennen, denn bei einer U-Haft ist die Arbeit eines Sozialarbeiters eine andere, wie in der Arbeit im offenen Vollzug.

Wie man unschwer erkennen kann, hat das Wissen über Kriminologie, Strafrecht und Strafverfahrensrecht, aber auch das Wissen über Strafvollzugsrecht im Methodenkoffer des Sozialarbeiters einen Platz. Es ist wichtig, dass der Sozialarbeiter durch seine Garantenstellung und seinen Berufszweig, oftmals in schwierige Situationen geraten kann und selbst strafbar werden kann. Deswegen sollte die Vermittlung dieses Bereiches im Studium der Sozialen Arbeit noch vertiefter behandelt werden, da nicht nur der Klient sondern auch der Sozialarbeiter durch Fehverhalten, welches ihm vielleicht im ersten Moment gar nicht bewusst war, strafbar gemacht werden kann. Der Sozialarbeiter steht schnell „mit einem Bein im Knast".

3. Abschlussreflektion

Wie hängen die Modulteile des Moduls 10A zusammen und was habe ich insgesamt gelernt?

Ich habe mir in diesem Modul kriminologisches Grundwissen, wie auch Grundwissen im Bereich des Strafrechts, Jugendstrafrechts, Strafvollzugsrechts und Strafverfahrensrechts, angeeignet. Zudem habe ich gelernt, die Bereiche auf meine spätere Arbeit als Sozialarbeiter zu übertragen und habe Praxisfelder kennengelernt, in denen ich diesen Wissenstamm anwenden kann. Neben der Tätigkeit als Sozialarbeiter in der Justiz, habe ich Bereiche wie Opferhilfe, ASD oder Verfahrensbeistand kennengelernt, sei es theoretisch oder durch z.B. den Besuch in der JVA. Der Besuch in der JVA hat dabei alle Bereiche miteinander verknüpft. Das Jugendstrafrecht wurde bei diesem Besuch thematisiert, weil es sich um eine JVA für Jugendliche und Straftäter bis 24 Jahre handelt, aber auch das allgemeine Strafrecht wurde erwähnt. Zudem haben wir das Teilmodul Strafvollzugsrecht wieder erkannt, da während des Besuchs Tagesabläufe, Regeln u.v.m. im Vollzug besprochen wurden.

Ich habe durch den Besuch in der JVA zudem gelernt, wie wichtig Durchhaltevermögen und ein starker Charakter sind, da die Arbeit in der JVA sehr stressfokussiert sein kann und man sich als Frau insbesondere in einer JVA behaupten muss.

Ich besitze nun Kompetenzen mich mit einer Beratung in Zwangskontexten auseinanderzusetzen und diese in meinem späteren Arbeitsfeld anzuwenden, bzw. einzuüben. Dafür kann ich mein erworbenes Wissen im kriminologischen und strafrechtlichen Bereich nutzen. Die theoretischen, aber auch die Methodenwerkzeuge für einen positiven Beratungsprozess in Zwangskontexten nutzen mir als Basis für spätere eigenständige Beratungssequenzen. Ich habe zudem gelernt, wo welche Gesetze zu finden sind und das es eine große Unterscheidung zwischen dem Jugend- und dem Erwachsenenstrafrecht gibt.

Für die Beratungsprozesse in Zwangskontexten sind mir gewisse Kommunikationsprozesse zu teil geworden. Die Kommunikationsmodelle dieses Semester erweiterten mein fundiertes Wissen im Bereich der Kommunikation aus den letzten Semestern (Watzlawick, Schulz-von-Thun, Carl Rogers, usw.) und ich habe die verschiedenen Beziehungsebenen und Beziehungsdynamiken in Zwangskontexten kennengelernt (Wärter – Inhaftierter, Inhaftierter Anführer und Gruppe, usw.). Zudem habe ich gelernt, wie wichtig die Balance zwischen Nähe und Distanz in Zwangskontexten ist.

Ich habe gelernt, dass ich diese Ressourcen des Inhaftierten im Beratungsprozess herausarbeite, ihn dort abhole, wo er steht und die Ressourcen nutze, um ein positives Beratungsergebnis zu erzielen, bei dem der Inhaftierte motiviert mitgewirkt hat.

Im Strafrecht bei Herrn Prof. Dr. F. haben wir neben Straftaten und ihren Sanktionen, die Unterscheidung zwischen Vergehen und Verbrechen kennengelernt. Zudem haben wir uns mit Verhalten im strafrechtlichen Sinn beschäftigt, uns das Betäubungsmittelgesetz (BtMG) und Sexualstrafrecht erarbeitet und den Gang einer Verhandlung nicht nur theoretisch, sondern auch durch ein Moot Court selbst spielerisch und kreativ erarbeitet. Außerdem haben wir dort im Bereich der Kriminologie die Theorien zu gesellschaftlichen Ursachen von Kriminalität erarbeiten. Damit zusammenhängend auch die Neutralisierungstechnik, als eine Theorie zu den gesellschaftlichen Ursachen von Kriminalität. Das Teilmodul Straf-recht bei Herrn Prof. Dr. F. steht mit allen anderen Fächern in besonderer Bedeutung in Verbindung. Das Teilmodul Strafrecht I ist der Ausgangspunkt für alle anderen Teilmodule.

Das allgemeine Strafrecht beschäftigt sich zum Beispiel mit dem Gang der Verhandlung. Diese ist auch besonders bedeutend im Jugendstrafrecht. Dort wurden die Unterschiede zwischen dem Erwachsenen-strafrecht und Jugendstrafrecht und die unterschiedlich ablaufenden Verfahren bzw. Verhandlungen be-sprochen (Öffentlichkeit ist bei Erwachsenen in der Verhandlung erlaubt, bei Jugendlichen nicht). Weitere Anknüpfungspunkte waren zwischen Strafrecht und Strafvollzugsrecht. Aber auch zwischen Jugendstraf-recht und Strafvollzugsrecht. Denn die allgemeinen Strafrechtsregelungen sind in der Zeit vor dem Voll-zug von besonderer Bedeutung. Durch das Urteil, welches in der Verhandlung (Strafrecht) gefällt wird, kommt es zum Haftantritt, bei dem der Strafvollzug wieder eine besondere Rolle spielt. Das heißt, dass das eine Recht in das andere übergeht. Im Strafvollzug wird gesetzlich dann wieder, wie im Strafrecht selbst, zwischen Erwachsenen und Jugendlichen unterschieden. Zuletzt ist der Modulteil von Frau St. dem Ganzen übergeordnet. Das Wissen aus allen anderen Modulteilen dient dem erworbenen Wissen über Beratung als Grundlage, um in Zwangskontexten als Sozialarbeiter professionell und selbstsicher mit Inhaftierten oder Verfahrensbeteiligten zu sprechen und eine gute Beratung zu erbringen.

Abschließend ist zu sagen, dass alle vier Modulteile nicht einzeln unabhängig voneinander betrachtet werden können, denn sie stehen in wechselseitiger Beziehung zu einander und bedingen sich.

4. Literaturverzeichnis

4.1 Herr Prof Dr. S.

➢ Mut zur demokratischen Erziehung" in: Pädagogik 7 bis 8/94

➢ Creifelds: Rechtswörterbuch 22. Auflage, 2017

➢ Riekenbrauk: „Einführung in das Strafrecht", 2000

➢ Bünting: Deutsches Wörterbuch, 1996

➢ Sonja Moser: „Beteiligt sein, Partizipation aus der Sicht von Jugendlichen"

➢ Ecarius und Eulenbach: „Jugend und Differenz - Aktuelle Debatten der Jugendforschung, 2012

➢ Franz Streng: „Jugendstrafrecht", 2. Auflage 2008

➢ Werner Thole: „Grundriss der Sozialen Arbeit: Ein einführendes Handbuch", 4. Auflage, 2011

➢ Gerhard Grieswelle: Sozialarbeit, Pädagogik und Jugendstrafrecht. Eine vergleichende Analyse, 1972

➢ Heribert Ostendorf und Kirstin Drenkhahn: Jugendstrafrecht, 2017, 9. Auflage

➢ Nix, Möller, Schütz: Einführung in das Jugendstrafrecht für die Soziale Arbeit, 2011

➢ Power Point Folien Prof. Dr. S.

➢ Stern „ ist der Warnschuss ein vernünftiges Mittel?" , 15.1.2018

➢ Wolfgang Heinz, BpB – Konstanzer Inventar Kriminalitätsentwicklung, Schaubild 4: Entwicklung der Jugendkriminalität bei Gewaltdelikten

4.2 Frau Ass. Jur. S. H. B.A

➢ https://justizvollzug.hessen.de/justizvollzug/jva-frankfurt-m-i/infos-f%C3%BCr-angeh%C3%B6rige-besucher/besuchstermine (Hausordnung JVA Frankfurt); 3.2.18 16:50 Uhr

➢ Ostendorf:http://www.bpb.de/izpb/7786/aufgaben-und-ausgestaltung-des-strafvollzugs?p=all (3.2.18; 13.33 Uhr)

➢ MüKo/Finger, a.a.O., §1674 Rn 4; Veit in: Bamberger/Roth, a.a.O., §1674 Rn. 2

➢ OLG Naumburg FamRZ 03, 1947; OLG Frankfurt OLGR 02,6

➢ Mü/Ko/Finger, a.a.O., §1674 Rn. 4

➢ Laubenthal: Strafvollzug, 6. Auflage, 2011

4.3 Frau St.

➢ Gresham M. Sykes und David Matza: Techniken der Neutralisierung: Eine Einführung in die Delinquenz, Wiesbaden 3. Auflage, 1979 (S. 360 – 371)

➢ Thomas Schwinger: Man sieht nur die im Licht sind: Helfen und seine Schattenseiten, Vortrag 15.8.2008

➢ Marie-Luise Conen: Unfreiwilligkeit ein Lösungsverhalten – Zwangskontexte und eine systemische Therapie und Beratung (282-297), 1999

➢ Jan Hesselink und Karl-Heinz Lindemann: Problemlos mit schwierigen Klienten umgehen: Methodische Strategien zum Umgang mit sogenannten unmotivierten Klienten

➢ Mechthild Bereswill: Von der Welt abgeschlossen – Die Einschneidende Erfahrung einer Inhaftierung im Jugendstrafvollzug, 2007

➢ Steve De Shazer: Der Dreh, 13. Auflage, 2015

➢ Rainer Schwing und Andreas Fryszer: Systemisches Handwerk, 7. Auflage 2015

4.4 Prof Dr. F.

➢ BGH, Beschluss vom 6.6.2017

➢ Klaus Riekenbrauk: Strafrecht und Soziale Arbeit: Einführung für Studium und Praxis, 2017

➢ BGH NJW 59, 1284, NStZ-RR 11, 79 [zu Abs. 2 2. Alt.], F. 5

➢ Laubenthal Rn. 639; Schönke/Schröder/Eisele Rn. 9; SK-StGB/Wolters Rn. 12; Gössel Sexualstrafrecht §6 Rn. 74

➢ Klaus Laubenthal: Handbuch Sexualstraftaten: Die Deliqu 2012, S. 241

➢ AllgM, s. bereits BGH 17.2.1954-GSSt 3/53, BGHSt 6, 57; Schönke/Schröder/Eisele Rn. 11 mwN; anders bei [...])

➢ F. Rn. 9; LK-StGB/Hörnle Rn. 23; Schönke/Schröder/Eisele Rn. 11; Sk-StGB/Wolters Rn. 21

➢ MüKoBGB/ Hbr BGB §1626 Rn. 14

➢ S. HAnack NJW 1974, 8; Horstkotte JZ 1974, 86; Laubenthal Rn. 648; Lackner/Kühl/Heger Rn. 13; Otto BT §66 Rn. 62

➢ Schroeder, Lange-FS, S. 391; aM Sch/Sch-Perron/Eisele 14,17; diff F. 13

➢ Dagmar Oberlies: Strafrecht und Kriminologie für die Soziale Arbeit: Grundwissen Soziale Arbeit, 2013

➢ Vgl. S. Hanack NJW 1974, 8; Horstkotte JZ 1974, 86; Laubenthal Rn. 648; Lackner/Kühl/Heger Rn. 13; Otto BT §66 Rn. 62.